앵통하다 봄

임성구 시집

시인동네 시인선 043　　　　　　　　　　임성구 시집

앵통하다 봄

시인동네

시인의 말

누군가가 유기해서

척박한 땅에 자라난

못생긴 내 자식들아

네 진한 향기를 열어

나보다

신나게 고함치거라

파란만장을

웃게 하라

2015년 어느 앵통한 봄에서 다시 봄까지
임성구

앵통하다 봄

시인의 말

차례

제1부 눈꽃 경적을 울려라

도화역(桃花驛) · 13
꽃물 한때 · 14
토란잎 우산 · 15
달빛 우포 · 16
바람 호루라기 · 17
방어진(方魚津) · 18
잡초의 눈물 · 19
잡내를 없애다 · 20
일 하는 사람 · 21
삼나무 숲에 들다 · 22
노래하는 김광석 · 23
수선화 지는 날 · 24
서운암의 봄 · 25
가을 탁발(托鉢) · 26
단풍나무 관절 · 27
초정을 읽다 · 28

제2부 깨끗한 짝사랑 같은

뱀사골의 봄 · 31
삼파귀타 · 32
봄, 산동마을 · 34
나비물 · 35
양후니 형아 · 36
부부 · 38
시(詩) · 39
다시 낫을 들다 · 40
바다, 노래방 · 41
나무 물고기 · 42
각북(角北)에 앉아 있다 · 43
분신 · 44
고사목 · 45
차향(茶香)에 녹다 · 46
이른 아침 하늘수국 · 47
야한 생각 · 48

제3부 온몸 녹아서 꽃이 되기까지

러브체인 · 51

꽃, 다방 · 52

케냐 · 53

그 짓 · 54

나들이 · 55

앵통하다, 봄 · 56

봄 혹은 강변카페 · 57

달에게 사정(射精)하다 · 58

위양못 삼매경 · 59

에로틱 아이스바 · 60

천리향 · 62

밤꽃 여자 · 63

화인(火印) · 64

어떤 동백 시집 · 65

잡초의 눈물 2 · 66

텍사스 에레나 · 68

제4부 공손한 절규

먹구야 · 71

공갈 연애(戀愛) · 72

부재중이었던 그해 봄 · 73

할복(割腹)의 시(詩) · 74

내 시의 아가리를 찢고 싶다 · 76

황소개구리 울음처럼 · 77

김수영을 읽다 · 78

잡초의 눈물 3 · 79

공손한 절규 · 80

불빛 시위대 · 81

저, 울대를 그냥 · 82

내 시로 창난젓을 담그다 · 83

잘 까분다는 것 · 84

잡초의 눈물 4 · 86

몸이 식어 간다 · 87

개 한 마리 · 88

참 어이가 없어서 · 90

제5부 그때 가난은 누가 낳았을까?

샐비어 엄마 · 93
그때 가난은 누가 낳았을까? · 94
오동꽃 장의차 · 95
팔월 · 96
환승 · 98
인공세심(洗心)실험실 · 99
옻단풍 · 100
아니 기쁩니까? · 101
42병동 먹구에게 · 102
파란 나물 · 103
문자의 궁합 · 104
시를 업은 항아리 · 105
다듬어진다는 것 · 106
묵비권에도 가시가 있다 · 107
막차 떠난 후 불시착 · 108
용담꽃 평설(評說) · 109
어머니라는 이름과 아버지라는 이름 사이,
내 이름이 참으로 따뜻하게 피어 있었음을… · 110

해설 자학(自虐)과 자존(自尊)의 굴레
정용국(시인) · 111

제1부 눈꽃 경적을 울려라

도화역(桃花驛)

오월로 뛰어가는 김천 하고 어디쯤에
복사꽃이 피었다, 흰 눈 펑펑 내리는 날
기차가 그냥 지나쳐도
손 흔드는 간이역

내일이면 지워질 이 역에서 쓰는 편지
반쯤 고개 내민 복사우체통 비둘기
천년을, 또 천년을 향해
눈꽃 경적 울린다

꽃물 한때

살점과 살점 사이 저 내밀한 붉은 말

내 몸 어딘가에 그대 흔적 스며 있다

한겨울
뜨겁게 울더니
군불처럼 지펴졌다

싸늘한 구들장에 꽃향기 번지는 시간

눈 덮인 어느 능선 틈이 하나 생겨났다

첫차로
찾아올 봄이
물들여논 나의 얼룩

토란잎 우산

먼지 풀풀 날리며 빨간 버스 지나간다
차 허리 탁탁 치며 안내양이 오라~이
한 줄기 흙 비린내 날린 소나기도 오라~이

닫힌 문이 열리자 쏟아지는 정든 얼굴들
파란 철재 교문 위로 넘어오는 종소리에
황톳빛 발걸음들이 다급하게 달려갔던

단벌 운동화도 그땐 마냥 좋았었지
버드나무 옛 정류장 만삭의 배 내밀듯이
토란잎 꺾어 든 아이들 총총히 몰려왔다

달빛 우포

쇠물닭 일가족들 악어 등에 앉아서

제 날개에 부리 묻고 고요를 먹는 동안

아득히 일만 오천 년 전, 소 울음이 들려온다

악어 등가죽으로 깊어가는 우포의 밤

늪이 품은 생명들은 꿈쩍하는 법이 없다

젖먹이 어리연꽃에 우박별이 쏟아져도

바람 호루라기

강의 몸 만지작이다 전깃줄에 앉은 새
개망초 언덕에다 휘파람 보낸 사이
임해진 낙동강변이 들썩이기 시작했다

새우깡 소주 한 병에 반올림한 사내 얼굴
갈대 잎 흔들다 강물 휘휘 젓다가
미끼를 잃어버린 낚싯대
헛웃음만 가득하고

바람이 슬쩍 불자 물속을 나는 새들
아가미 껌뻑이며 하늘 솟는 물고기
풀들은 엉덩이 털고
자전거 페달 밟는다

방어진(方魚津)

흰 겨울 옛 나루터 솟대처럼 앉은 사람
밀려온 바닷물을 훌쩍훌쩍 봉하는데
갑자기 모래바람이 뒤통수를 후려쳤다

뼛속까지 진눈깨비 내려 젖은 푸른 멍들
방어(魴魚)잡이 사내가 소금기로 돌아온 밤
염포(鹽浦)에 묶인 배들도 꿀렁꿀렁 울고 있다

지워진 이름 위에 덮어쓰는 포말같이
굵은 밑줄 그어놓고 내일을 호령한다
여봐라! 꽃돛배*를 띄워라, 방어진(防禦陣)**을 쳐라

---

*꽃돛배 : '꽃물 들인 돛배'라는 뜻으로 만들어낸 말.
**방어진 : 울산광역시 동구 방어진. 고려시대에는 왜구를 방어하기 위한 수로진으로 방어진(防禦陣)이라 하였다가 조선시대에 방어(魴魚)가 많이 잡히는 나루터라는 의미로 방어진(魴魚津)이라 불렀다.

잡초의 눈물

이 척박한 땅에서도 푸른 꿈 안 버린 널
호미로 낫으로 쳐내겠다는 마음 한 켠
비릿한 풀물의 고함 천둥처럼 번진다

우후죽순 돋아난 날(刃)을 벼린 이 어둠
걷어내지 못하면서 감히 널 뽑겠다니
곁가지 피워 올린 꽃도 미안해서 못 보겠다

씀바귀 엉겅퀴꽃 구둣발로 앉은 나비야

발소리를 줄여라
안 온 듯이 다녀가거라

햇살아
밤새 고인 천둥눈물
남김없이 먹고 가거라

잡내를 없애다

얼마나 많은 욕심이 썩어서 문드러진 채
방 한 켠에 자리 잡고 울었는지 모른다
진갈색 염증들의 큰 눈이
나를 먹고 있었다

마흔에서 오십으로 휘어지는 이 길목
쓰러지지 않을 것 같던 한 욕심을 볕에 말린다
뽕잎을 따다 먹인다
내가 나를 먹인다

누에가 몸의 독소를 제거하는 푸른 한낮
오십은 육십을 먹고 칠십 팔십 백세를 먹고
가벼운 저 구름 속으로
실을 뽑아 올리겠다

일 하는 사람

당신이 찍어놓은 노예 낙관이 참 무섭다
휘어진 등허리보다 휘어터진 마음 한 올
아리고 아려서 슬픈
착한 천성이 더 아프다

온 들에 핀 저 잡풀도 꽃이 되기까지는
가느다란 꿈을 향해 맨몸으로 비를 맞고
허기진 식솔을 위한 수고,
활짝 켜든 박꽃 같다

오늘도 가장은 박 줄기 같은 손을 뻗어
허공 밭을 일궈놓고 구슬땀 훔치는 사이
아이는 무럭무럭 자라고
제 흉터에도 달이 뜬다

삼나무 숲에 들다

오후 2시 평상에 누워 바람 육즙 먹는다
알카리성 음색이 부드러움을 만진 시간
닫혔던 대문을 열고 슬쩍 오는 초록 그림자

가지 사이 높은음자리 내 정수리 통과할 때
절물수목원 삼나무에 직박구리 네댓 마리
한라산 철쭉침대에 누워 종족번식 꿈꾼다

노래하는 김광석

입술 지문 통째로 읽어내는 하모니카
통기타 풀잎들이 들쳐 업은 노랫말들
몸 우주 돌아 나와서 내 눈물샘 툭! 친다

얼마만큼 시를 써야 광석에게 가닿을까
파편처럼 꽂히는 '서른 즈음에' 그 하루
벼랑을 뛰어내린다 불콰한 저, 노을강

수선화 지는 날

참말을 잃어버린 짧은 거짓 고백에
가슴팍에 폭 안긴 수선화 달빛 얼굴
몇 며칠 마음자리가 사포처럼 거칠다

공갈빵 먹은 듯이 헛배 자꾸 불러서
어떤 난타에도 멈추지 않는 딸꾹질
첫봄을 차에 태워 보낸다
바람이 참, 먹먹하다

서운암의 봄

금낭화 쇠북소리에 나 예까지 성큼 왔네
장경각 16만도자경 옻물로 받아내고
온 산하 꽃불 밝히려 수미산을 넘어 왔네

두견화 설류화 황매 홍매 창포 향기
만삭의 장독들이 태동을 시작하면
공양간 무쇠솥에는 고봉 쌀밥 이팝꽃

배곯은 겨울 처사님 배불리 먹이는 봄
영축산 천수천안 십일면 관음보살
삼천불 양지꽃으로 피면 쇠북 치는 흰 나비 떼

가을 탁발(托鉢)

벼랑 끝 엉켜 있는 주홍 노을 한 장이

너무 빠른 주검들을 따듯이 덮어주듯

내 등을 토닥여준다

한 바가지

단풍물

단풍나무 관절

아무도 몰랐다, 푸른 뼈에 바람 드는 걸
저 늙은 껍질 속에 불개미 집 한 채가
고대의 굽다리접시로 서 있을 줄은 까마득히

고요에 팔을 뻗어 숨은 별 찾는 바람들
계곡물 회심곡처럼 절기(節氣)를 돌아 나와
옆구리 울음 한 잎으로
짓이기다 짓이기다가

폭설로 무너져 내린 아버지 그 말씀
자식들 가슴마다 단풍꽃 필 거란 걸
몰랐다, 복사뼈에 움트는
웃음 한 잎 출렁임을

초정을 읽다

반만 번 꽃잎으로 물들여 줄까 순자야
그대 맘 내 마음을 층층이 쌓아 올려
기명색 해가 떠오르는 통영으로 갈까 보다

풀빛이던 그 바다에 먹물을 쏟아붓고
철썩인 시혼(詩魂) 물결 바위를 다 깎아내면
해질녘 꽃그림자로 오시겠다, 봉선화

＊초정 : 김상옥 시인의 호.

제2부 깨끗한 짝사랑 같은

뱀사골의 봄

웅크린 가시의 밤
흔들어 깨워놓고

돌돌돌,
얼음장 밑
복수초 무릎 편다

눈물이
핑 도는 꽃밭

언 가슴도

다시
꿈틀

삼파귀타*

바람이 불어왔다
조용히 밤도 왔다

어둠 밝힌 별 노래에
터져버려 아린 물집

달 등의
박꽃 하나가
손수건이 되어주었다

물풀 같은 그 여자
열여덟 필리핀 순이

젖은 밤을 보내놓고
풋감 떨어진 새벽녘

아무 일
없었다는 듯

부엌문을 또 연다

＊삼파귀타 : 필리핀의 국화.

봄, 산동마을

오래도록 졸다 깬 우물가에도 봄은 와서
우물물 퍼 나르는 꽃가지에 벌 세 마리
견고한 어둠의 내력까지 쓰다듬은 산마을

웅성대며 피던 정분(情分) 그득한 돌담 골목
삽살개 한 마리가 바지 가랑 물어뜯는 사이
산동은 노랑을 먹고 분홍분홍 이야기 중

나비물

김 나는 등허리에 무지개가 피었다
바가지 물 뿌리며 아내가 하는 말

"옴마야! 나비처럼 팔랑댄다"
마른 하루가 웃는다

마당에 먼지같이 바싹 말라버린 건
사랑한다 사랑한다고 쉬이 말 못 뱉는……

"써언타* 문디 가시내야!"
내일 또 보자 등목무지개.

---

*써언타 : '시원하다'의 경상도 방언.

양후니 형아

키도 작고 덩치도 작은
형아는 매우 큰 사람

색소폰 한 자루로 깔깔깔 웃음을 쓰고

녹음(綠陰)이
단풍으로 가듯
온음표로 크는 나무

철근 같은 내 마음
작은 등에 가만 기대면

하염없는 눈물이
반음 올렸다 내려간다

한 생을
꽃처럼 연주하는 형,

탁본(拓本) 언제
해보나

부부

강된장에 호박잎 쌈 싸 먹는 초저녁
하루를 토닥이듯 홍련(紅蓮)으로 피는 말

"진하게
우리 오래 살자"

이 단단한

풀물
포옹

시(詩)

바람 살짝 불어와도 마음 먼저 흔들려
주름으로 웃다가 팽팽하게 젖어가는

우포늪
가시연 같은
실안낙조 어부 같은

때 되면 호령하고 때 되면 회항하는
그들의 꿈은 늘, 가시 돋친 불화살

가슴에
새긴 마음 한 줄
검붉게 탄 초록바다

다시 낫을 들다

오래된 빗물 기억 그날의 여음인 양
풀비린내 거머쥐고 다시 온 여름 한낮
무뎌진 생의 굴곡이 자물쇠를 풀었다

퍼런 멍투성이 내 아버지 휜 손마디
찔레 지나 자귀꽃 워낭소리로 우는 언덕
자식들 빈 밥그릇을 고봉으로 채우셨지

수십 년 수저질 뒤에 다시 날〔刃〕을 세운
강아지풀 왈왈대는 자투리 땅 마음자리
태양을 한 움큼 심어놓고 달도 한 알 스을쩍

바다, 노래방

결빙의 서류 들고 간절곶 온 중년 부부
모닥불 연가(戀歌) 물고 끼루룩 웃는 갈매기 떼
격랑의 일상을 덮네 긴 이별을 찢네

풍랑에 바다 눈물 그렁그렁한 바위틈
나 보란 듯 해당화는 뜨겁게 피고 있다
감칠맛 후렴구처럼 다가오는 포말같이

전주(前奏)에 꽃이 피면 녹슨 자물쇠 풀어
목 안이 발개지도록 열창을 하고 싶다
가끔은 푸른 등허리에 소금꽃이 피듯이

나무 물고기

단층 지느러미 무장무장 자라는 동쪽

붉고 큰 아가리로 아름드리 절을 세우고

푸드덕, 날아오르며 업을 씻는 새 아닌 새

각북(角北)에 앉아 있다

각북에 가지 않고 각북에 앉아 있다

열두 나절 서성이는 시집 속 뿔의 마을

복사꽃 지고 난 가지 끝 유월 뻐꾸기 피어난다

꽉 막힌 동맥과 터져버린 정맥을 위해

정자나무 품속으로 내 심장이 날아가고

청나비* 푸른 그늘을 이고 덩실덩실 단풍든다

---

*청나비 : 무동.

분신

여자의 방 빠져나온 울혈의 날들이
전조등 하나 없이 저벅저벅 어둠 사린다
어머닌 이미 강을 건너시고
빈 배에 앉아 시를 쓴다

둥글게 매끄럽게 살란 말씀 새기는데
툭툭 터진 실밥처럼 보풀거린 문장이
자꾸만 갓길을 가고 있다
천길 벼랑 뾰족한 길

곁가지는 쳐내야, 모난 돌은 다듬어야
아름드리 된다는데, 꽃빛도 환하다는데
아직도 나를 태우며 가는 길이 아득만 하다

고사목

지리산
법계사 근처
산등허리 한입 물고

온몸으로 비를 맞는
까마귀 몇 마리

울지도
날지도 못해

우두커니

슬프다

차향(茶香)에 녹다

연녹빛 순결로 핀, 꽃이여 흰 나비여

잔에 띄운 이 연서(戀書)는 절집의 풍경소리

간결한 첫경험에 취해

자꾸 말을 걸고 싶다

이른 아침 하늘수국

넌 보면서
뭉퉁한 나는

할 말을
잃어버렸다

자욱한 안개 너머
소녀의 깨끗한 미소

한 번도
다가서지 못한

내 유년의 짝사랑 같은……

야한 생각

모서리부터 잘근잘근 종일토록 씹어봤는데
자라난 딴 생각이 무성한 풀밭 만들었다
모조리 먹어치워도 멱살 잡는 잔뿌리들

허공 향해 뻗어가는 푸른 가지의 사념(思念)을
껌처럼 질경 씹어 씨방 하나 키우는 꽃들
향기로 키재기 할 때 햇살 한 줌 그윽하다

어둠이 깊을수록 더 깊게 내린 뿌리
나무의 근성을 먹고 피고 지고 또 피어나는
꽃들의 저 무한 잠재력 말줄임표의 황홀경

제3부 온몸 녹아서 꽃이 되기까지

러브체인

허공 난간에 매달린 가난한 진물들이

서로를 보듬은 채 푸르게 몸을 꼰다

녹아서 꽃이 되기까지

그 꽃이 지기까지

꽃, 다방

종로 어디 건물 지하
분 바른 꽃 서너 송이

나이를 덮고 있는
진한 립스틱에

한 개비 덧없는 날들
물잔만 흔들린다

웃음값이 선불이면
찻값은 후불인가

얼룩진 탁자 위에
지폐 몇 장 올려놓고

출입구 오래된 간판
보고 또 보는 사내

케냐*

벌거숭이 내 마음은
소리고을**에 앉아 있다

종일 비는 내리고
너는 날 힘껏 당기고

찻잔의 심쿵***한 하루가
모란처럼 파문 진다

---

*케냐 : 원두커피 케냐.
**소리고을 : 창원시 용호동에 위치한 커피숍.
***심쿵 : 심장이 쿵할 정도로 놀람을 이르는 말의 신조어.

그 짓

봄이 와글와글 수다 떠는 삼월 주말
그 짓 하는 순간순간 매화가 다녀가고
살구꽃 달아오른 몸이
벚꽃을 불러 모은다

벌 입술 닿자마자 펑펑 터진 아우성
머얼건 대낮에도 별은 또 저리 빛나
몸 우주 뜨거울 때 이런!,
휴대폰이 울린다

나들이

사월엔 어릴 적 본 그 꽃 한번 만나야지
어둠을 씻어내는 웃음 주위 맴돌다가
잔술 몇 얼굴 붉어지면 복사밭에 누워야지

푸른 심장 깊은 곳에 꽃가지 흔들리면
새들은 예쁜 노래 한 장씩 물어 나르고
하늘강 물고기들은 분홍색 자맥질이다

새끼 같은 여린 잎 돋아나는 능수버들
어깨춤 낭창낭창 춤사위가 깨끗한 봄
흰 나빈 주름까지 펴서 무지개를 그리다

앵통하다, 봄

우물가 앵두나무가 뽑히던 컴컴한 봄
꽃의 대중들은 못 들은 척 고개 돌린 채
잘났다 제 잘났다고 빨갛게들 떠든다

앵두 젖 훔쳐 먹은 달콤한 올가미들
순해서 더 푸른 달아 기도문만 외지 마라
운주사 석가모니는 왜 여직 주무시나

바들바들 떨며 진 한 송이 사람의 집
온몸이 녹아내린 식초 같은 절규인 양
화구구(火口丘) 앵두꽃무덤에는 재 냄새가 진동한다

봄 혹은 강변카페

얼음판에 뛰놀던 낙동강 남자들이

껴입은 외투를 벗어 허공에 걸어둔 날

봉희는 홍매 같은 입술로 봄을 꺾어 물었다

입꼬리 왈왈대는 물오른 버들강아지

저녁 답 그 저녁 답이 발기를 시작하면

온 마을 번져가는 소문 탱자탱자 불기둥이다

달에게 사정(射精)하다

높은 지붕 쪽으로 독사 머리 쳐들다가

뒤척인 마음 자락을 모로 뉘여 봐도

뜨거운

밤을 못 식히는

한 사내가 서 있다

위양못 삼매경

오월의 가운데 단추 살며시 풀어본다
철쭉꽃 치맛자락에 취기 오른 허공 호수
내 마음 물그림자로 아랑낭자 찾아간다

건성으로 펴든 서책 버들붕어 도련님
부챗살무늬 제 꼬리로 물속 집을 찾아가면
한가득 뿌려논 웃음인 양 물너스레가 진경이다

노을이 도령 대신 위양못을 읽는 저녁
밀양아리랑 한 소절 영남루에 보내놓고

여보야!
이팝꽃 받아라
부푼 오월 끝단추 쯤

에로틱 아이스바

긴 다리 꼬고 앉은 노랑머리 여자가
돌려가며 빨고 있다 붉은 입 안 빙빙바

주루룩
흘러내린 흰 끈적임
스판 치마 먹는다

달달한 부드러움을 채워가는 여자의 몸
화끈거림을 지우려 바라보는 차창 밖

차창에
달라붙은 꽃잎이
죽은 나를 깨운다

여자가 빨아먹던 빙빙바는 이미 없는데
스팸처럼 가려운 생각들이 달구는 몸

바람에

실려 간 꽃잎 지문
오래 머문다
또렷이

천리향

새벽부터 초인종을 누르는 이 누구신가?
시린 손 터진 맨발 호호 불며 찾아온 봄
화들짝 수줍은 여자 오래 잠긴 문을 연다

휴대폰에 고이 담긴 분홍(粉紅)이 번지는 시간
고명 없는 아내 주름도 환장하게 예뻐 보인다
황혼녘 닿을 때까지 변치 않을 우리의 봄

밤꽃 여자

사내의 그늘에서 살며시 눈감은 여자
유선(乳腺)을 부풀리며 탱글탱글 우는 여자
한 계절 폭염열차 지날 때
3단 고음 매미같이……

온밤을 실컷 울고 또 우는 고양이처럼

입막음에도 울음이 새
귀두 같은 알밤 먹고

내 몸에 꼬옥 붙어서 가을로 가는 한 잎 여자

화인(火印)

꼭 다문 해당화 꽃잎 그대로 두세요
순해빠진 이 마음도 야성 하난 키웁니다

그 입술
함부로 주지 마세요
해미 깔린 밤에는

가시 같은 손톱으로 내 야성을 긁지 마세요
큰 소리로 일어서는 물기둥과 불기둥 사이

얼마나
많은 꽃잎들이
해미 속에 울었겠습니까?

어떤 동백 시집

맹물 같은 시집 한 권이
처녀성을 열었습니다

천일 참다 한번 준 마음
절정의 값 단돈 만원에

눈밭 위
모가지째 낭자한

핏빛 핏빛
절규여!

잡초의 눈물 2
― 폐가를 지나며

아가, 우지 마라
너만 못난 게 아냐

살다보면 치이는 일
어디 한두 번이겠니

헌 신발
기워 신듯이
씁쓸한 웃음
꽃핀다

향기보다 눈물 먼저 가닿아 엉켜버린 꽃

걷어차다 짓밟고 가도 강물은 흘러간다

말없이
아픔 꾹꾹 다지며
네 별자리 짚어본다

독거를 오래 시작한 구렁이 집 돌담 기슭
바람 다녀간 자리마다 별 자국만 남아 있다

까마중
익을 때까지
어머니는 오지 않고

텍사스 에레나

늙은 숫나무들 모여 사는 어느 산골

미아리 텍사스촌 꽃들이 찾아왔다

헐렁한 바지주머니 신음 없는 등불 켠다

착취나 강요 없는 성인 간의 성행위까지

국가가 개입해서 안 된다는 결정문처럼

우리는 가정 파탄은 안 시킨다고 시위하듯……

닫아 건 제 집 문이 열리는 그날까지

62년 간통죄를 달콤하게 지운 것처럼

고목에 성매매특별법 몰래 썼다 지운다

제4부 공손한 절규

먹구야

선불리 웃지 마라

장마의 날
있을 거다

함부로 젖지도 마라

우는 하늘
며칠이겠나

시인은
웃음도 울음도

절체절명에

쏟는
거야

공갈 연애(戀愛)

여의도동 1번지 댁
밥 먹듯이 하는 말

얼굴이 발개지지도
체하지도 않는 말들

참말로
고래심줄 같은
썩은 연애 저 뿌리들

부재중이었던 그해 봄

모르쇠 소용돌이 그해 봄은 알았을까?

얼음이 녹자마자 고열로 울던 어미새들

꽃들의 수학여행길 설렘 너무 깊었나봐!

할복(割腹)의 시(詩)

1
스스로 이 장검을
푹 찔러 넣는다

외마디 유서들은
"욱!" 하고 쓰러지고

식어 쏟
문장들이 뚝 뚝,
애리한 몸에
흘
러
내
린
다

2
봄이

긴 여름이
내 몸을 관통해갔다

몸 밖으로 흘러내린
늦가을 단풍 군무

벼랑을
뛰어내린다

아, 달라붙는
흰 서리꽃

내 시의 아가리를 찢고 싶다

고아 같은 나무에서 자라난 예쁜 꽃을

콱 찢어 뭉개고 싶다,
세상 어디 발도 못 딛게

상처도
빛나길 열망하는

이 병신 같은
새끼

황소개구리 울음처럼

누구도 못 알아볼 밤이여 어서 와라
둑에 핀 망초꽃과 잡풀들을 결선(結線)해서
만 볼트 우레 삼키고 일억 볼트 힘 쏟겠다

저수지의 깊은 밤은 내 울음의 절연테이프
무수한 영롱함으로 숨을 거둔 별 사체처럼

한복판,
저 하늘 한복판
빛나게 울고 싶다

김수영을 읽다

키가 큰 나무가 한 꽃나무 데려왔다 베어진 여린 목에 푸른 피가 솟아올랐다 비릿한 고함을 먹고 꽃나무는 환했다

계절 한번 바뀌자 거대해진 엔진 톱 순백의 그 꽃나무 밑동까지 베 버렸다 말없이 가만 바라본 내 허리도 싹둑 잘랐다

아프다고 말하던 묽은 피가 입을 다문다 가슴 넓은 사내라 꼭 그런 건 아니었다 입 밖에 쏟아낼 아픔 비상구가 좁았을 뿐

꽃나무 쓰러진 계절 목이 쉰 채 왔을 때, 시린 발목 덮어주는 땅속 깊은 잔뿌리들, 별 구경 그저 희망이라며 손사래 치고 있다

열매 없이 툭 떨어진 겨울이 야속하지만 삽날의 두려움으로 난(蘭)을 치는 새처럼 한 켤레 미련을 벗고 이제는 떠나야 하리

잡초의 눈물 3
―아름드리나무 밑 잡초에게

아름드리나무 밑에서
시 한 편을 쓰겠다고

햇빛도 하나 없이
긴 사색에 젖지만

파문 져
영양실조에 걸린
해 한 포기
달 한 포기

악착같이 살아보겠단 그 결심도 네 앞에선
쉬-이 꺾여 우는, 빼빼 마른 영감(靈感)이여

아, 제발
무릎만 꿇지 마라
한낮 개꿈도
희망이다

공손한 절규
―노숙에 든 도시

딱지로 오래 앉은 그 상처의 속내는

단 한 방울 눈물조차 될 수가 없었다

낮술에
젖어버린 생애가
작두를 탄다
맨발로

시위 못 당긴 화살처럼
방향 잃어 질척인 목숨

동굴 안 부러진 종유석으로 널려 있다

차라리
출구를 막아주오

저 울음의 비상구를…….

불빛 시위대

상남동 LED등은
마귀 같은 불빛 군중

저 거센 비바람에도
폐부까지 찌르는 말

부도난
살구나무죽비
처형하라
처형하라

저, 울대를 그냥

언제까지 그 자리에 피어 있을 줄 아느냐
너보다 빛나는 꽃이 새롭게 피는데 말야

속 검은 저 울림통을
그냥 콱! 그냥 콱!

오천만 오케스트라 너와 내가 하나 되어
감동 한 뭉텅이로 환한 길 가자는데

붉어져 빽빽거리는
저 울대를 그냥 콱!

내 시로 창난젓을 담그다

쿰쿰하게 잘 썩은 세상
내 창자를 모두 꺼낸다

소금 대신 짠 눈물 섞인
백일 잠을 깨부수고

뜨신 네,
밥숟가락에게

개좆처럼 대들다

잘 까분다는 것

세상을 뒤엎어버릴 네 18번 메들리여

바위 같은 사람도 큰 박수 보낼 때까지

겉치레 허공에 걸어두고

1818하며

웃는 거야

내 심장에 한 바가지 시너를 끼얹는다

불씨도 던져 넣는다

확 타들어 가는 것이

탕! 탕! 탕!

어찌 몸뿐이랴

한줌으로 우는

슬픈 우주

잡초의 눈물 4
― 잡초에게도 등급이 있을까

번지레 잘났든지
학벌 아예 좋든지

길도 늪도 아닌 곳에
노둣돌 놓고 바라본 하늘

가을날
백발 꽃잎으로 번진
저 억새의 눈물 눈물

뜨거운 시 되겠다고 땅웃음 짓는 뿌리의 나날

밤은 어찌 날마다 불청객으로 찾아오나

못다 핀
혈전의 밤도
맥은 아직 살아 있다

몸이 식어 간다

아침마다 새롭게 피는 달개비 바라본다

통증으로 흘려놓은 배꼽 주위 이슬방울들

간밤에

달의 체온처럼

시큰시큰 아프다

개 한 마리

하루 해 뉘엿뉘엿 넘어가는 저물녘에

뉘 집 개가 짖는다

온 마을을 뒤흔든다

한쪽 귀

담을 넘어가 보니

힘없는 시가 놓여 있다

이 빠진 일상들이 새파랗게 질려 떤다

틀니 같은 행간들이 발악하듯 되짖는다

달걀로

바위 치던 자음들

내 낭심을 물었다

참 어이가 없어서

제 주인의 그 위대한 말씀을 물어뜯는 개

고만해라 고만해라 고만해라 안- 카나

귀 막고 왈왈왈 왈왈-

저 종내기를

고마 팍!

제5부 그때 가난은 누가 낳았을까?

샐비어 엄마

키가 큰 햇살 아래 마흔일곱 살 꼬마 아이

붉고 긴 꽃잎을 젖 빨듯 따 먹는다

몇 바퀴 돌아 나와도

용지호는 낮 열두 시

정지된 시간 가득 못물이 불어나서

울 엄마 젖가슴처럼 달큰한 꽃의 침샘

연못가 노랑나비야

쉿! 지금은

수유 중

그때 가난은 누가 낳았을까?

지푸라기 바람이 대문 밖에서 불어온 날
재 발라 놋그릇 닦는 어머니가 흔들리고

아득한
쌀뜨물 쑥국
보글보글 끓고 있다

비 한 자루 골목 골목 어둠을 쓸어내던
70년대 새벽종이 두부장수로 왔다 가고
삼십 촉 농촌의 꿈은 장닭처럼 경쾌했다

오래된 봄 한 술 뜬 샛별아파트 두레밥상
자연 퐁퐁 거품처럼 초록세상 부푼다

저만치
정겨운 얼굴
쑥뜸으로 오고 있다

오동꽃 장의차

비도 오지 않고
바람도 가벼운 밤

수억만 조문객
반딧불처럼 반짝이고

오동꽃 수의를 입은 태양
특1호실에 누워 있다

달이 풀벌레소리로
애도하는 이 밤

오동 먹물 만장(輓章)이
강 물결에 출렁이면

연보라 꽃울음 싣고
하늘로 가는 장의차

팔월

화구(火口)를 지나는 내 몸은 구만리고
배롱꽃 내 마음은 구만리 장천인데
심장에 서성이는 혈전(血栓)
오도 가도 않는다

밤새 몸을 뉘였다 기명색 해가 떠오르면
사투리 같은 손과 발은 어제와 똑같이
무거운 눈꺼풀 풀고
노동의 길 가야 하고……

끈적한 몸의 윤활유
꼼짝달싹 안 한다

지친 나뭇잎이 저승길 돌아 나오는

팔월도 구만리 장천

눈 떠보니

피가
뜨겁다

환승

지천명 도착도 전에 벌써 환승이라니

길들이 구부러져 이내로 흔들린다

목청껏

나는 웃는다,

낙화하는

한때처럼

인공세심(洗心)실험실

한 대의 공기청정기 애인처럼 들이던 날

편백나무 울창한 숲도 내 방에 들어왔다

시간이 자라날수록

얼룩은 가고

꽃은 오고

옻단풍

발가벗은 겨울이
다시 불을 놓은 날

옻순 몰래 먹은 여자
삼백일 품은 기도처럼

늦가을
가려움 한 잎이

새빨갛게
터졌다

아니 기쁩니까?

나누는 데 눈치 서로 볼 필요가 뭐 있겠습니까?

차가운 내 손 위에 더운 네 손 얹어주듯

마음에 꽃 하나씩 올리며

아껴주고

안아주고

42병동 먹구에게

부러진
갈비뼈도
터져버린
공기주머니도

어머니의
하늘비단
자락 자락을
다 꿰매면

저만치
폈다 지는 꽃
열매 한 알로
오리라

파란 나물

눈 내리는 산골마을 청학동 저녁연기가
어머니 눈을 때려 매운 눈물 훔친 시간
눈 속에 파묻힌 삶도 파랗게 눈을 뜨네

양은솥에 몸 살짝 담구고 나온 시금치
내 아들 철들라고 조물조물 손맛 더하면
우리는 일 센티미터씩 자라나는 하루를 먹네

문자의 궁합

문자의 갈고리들이 서로 눈 흘기다
언제 그랬냐는 듯 부둥켜안고 뒹구는 밤
열 달을 웅크리고 앉아
어미 양수 부풀린 꽃

한 사람이 태어나
함박꽃 되기까지는
격렬한 생각들이 자음과 모음을 태워
빈 여백 너울 번져가는
저 뜨거운 절창(竊唱) 절창(絶唱)

시를 업은 항아리

네 몸에 새겨놓은
달빛 문장 은은하다

천길 불구덩이도
견뎌낸 애절한 사랑

온 우주
어르고 달랜 귀얄문
둥개둥개 업어 키운다

다듬어진다는 것

세상이 얼마나

많은 모로 널브러졌으면

저리도 끊임없이

반복 재생만 되뇌나

예쁘게

다듬어진다는 것,

원형을 깨는 슬픈 정점(頂點)

묵비권에도 가시가 있다

집 떠난 길고양이 바퀴에 발이 치여
온몸 바닥 치며 떼굴떼굴 구르는데

측은히 바라보는 착한 시선
"쨍" 하고 가른 마딧말

웃긴다,
웃긴다고 하는
저 지독한 사람의 말

아파서 죽겠다고
눈물 콧물 다 쏟는 틈

또 한 번
브레이크 밟는 소리

아, 미안하다
눈물 펑펑……

막차 떠난 후 불시착

영동 산간 유래 없는 폭설이 내렸네

남도 끝 양지쪽에
구절초 개나리 웃네

가을은
고속열차로 떠났네

개찰 안 한 봄이네

용담꽃 평설(評說)

쪽빛 하늘 구릉 모서리
시집 한 권 놓여 있다

가끔은 하나님도 마음 편한 때 있나봐
정제된 꽃잎 페이지 남청 글씨 좀 봐봐

청개구리 한 마리가 앉은 자리 가을볕 자리
나비도 읽고 가고 잠자리도 읽고 가는
주머니, 향기주머니 무지개로 넘친 꽃밭

눈으로 퍼 먹고 냄새로도 저어 먹는
아침 산행 보폭 따라 앙가슴 열어놓은
간결한 한 다발의 시평(詩評) 시원하게 뜨겁다

어머니라는 이름과 아버지라는 이름 사이,
내 이름이 참으로 따뜻하게 피어 있었음을……

갓길에 핀
풋 찔레꽃도

울음 매우
따뜻했네

가슴을 다
도려내놓고

빛 한 줌
들이기까지

우주를
오래 에돌아 와서

참회 눈물로
벙그네

해설

자학(自虐)과 자존(自尊)의 굴레

정용국(시인)

1.

자존심에 관한 꾸준한 연구로 유명한 미국의 심리학자 나다니엘 브랜든(Nathaniel Branden)의 신작 『자존감의 여섯 기둥』(Six Pillars Of Self Esteem, 김세진 옮김, 교양인)은 '어떻게 나를 사랑할 것인가'라는 부제가 더욱 눈길을 사로잡는 저서이다. '어떻게'를 강조한 이 책에서 저자는 책임감, 자아 수용, 용기, 언행일치 등의 주요 단계를 제시하며 자존의 중요성을 역설하고 있다. 브랜든의 이론은 그다지 새로운 것은 아니지만 구체적으로 세목을 제시하고 실행 단계를 논리적으로 구분한 것에 더 큰 의미를 두게 된다. 자존감이 '난 원래 사랑받을 자격이 없는 무능한 사람이야'라는 자기부정에서 출발하고, 정의도 현실을 직

시한 증오에 그 기저를 두고 있다는 아이러니는 이미 오래된 주장이기 때문이다.

임성구의 새 시집 『앵통하다 봄』을 읽다가 위에 소개한 브랜든의 신작이 강렬하게 대비된 것은 상당히 시기적으로 우연한 일이었다. 마치 임성구 시가 강한 자학과 자기부정의 굴레에 휩싸여 뒹굴다가, 험난한 과정과 마주하며 자존의 엄중함을 지득해가는 흐름이 『자존감의 여섯 기둥』과 흡사하다는 생각에 이르게 되었다. 생살이 드러나고 거친 말들이 튀어 오르는 임성구의 새 시집에는 그의 낯선 모습들이 예상을 뒤엎고 강하게 드러나 있어서 독자들에게 큰 충격을 주게 될지도 모른다.

고아 같은 나무에서 자라난 예쁜 꽃을

콱 찢어 뭉개고 싶다.
세상 어디 발도 못 딛게

상처도
빛나길 열망하는

이 병신 같은
새끼
　　　　　　　―「내 시의 아가리를 찢고 싶다」 전문

쿰쿰하게 잘 썩은 세상
내 창자를 모두 꺼낸다

소금 대신 짠 눈물 섞인
백일 잠을 깨부수고

뜨신 네,
밥숟가락에게

개좆처럼 대들다
　　　　　―「내 시로 창난젓을 담그다」 전문

　위에 소개한 시들의 모습은 그가 등단 16년 만에 출간한 첫 시집 『오랜 시간 골목에 서 있었다』와 그 후 3년 만에 낸 『살구나무죽비』와는 사뭇 다른 상황을 연출하고 있다. 첫 시집의 해설에서 '사물과 삶과 시의 구체'라는 해설을 붙였던 유성호 교수와 두 번째 시집에 '원융과 상생의 시학'이라는 표제어를 올렸던 이연승 평론가의 글들이 무색해 보일 정도였다. 자신의 시를 철저하게 부정하는 시인의 마음을 헤아리며 '자학과 자존의 굴레'를 깊이 생각해본다. 이 글은 크게 변화한 임성구의 시와 그의 심저를 훑어보는 과정이 되어야 할 것 같다.

2.

상남동 LED등은
마귀 같은 불빛 군중

저 거센 비바람에도
폐부까지 찌르는 말

부도난
살구나무죽비
처형하라
처형하라

—「불빛 시위대」 전문

  16년 만의 첫 시집과 3년 후 연이어 낸 두 번째 시집에 대한 스스로의 평가를 살펴보자면 이렇다. 창원시 성산구 상남동은 유흥가로 가득한 번화가이다. 그곳의 수많은 등과 광고판에 박혀 있는 성능 좋은 "LED등은" 자신을 겁박하는 "마귀 같은 불빛 군중"이라며 스스로를 막다른 골목으로 밀어붙이고 있다. 이러한 시인의 심리에는 큰 기대를 걸고 펴낸 시집에 대한 악몽이 얼비친다. "부도난/살구나무죽비/처형하라/처형하라"라고 외치는 그의 시는 차라리 절규에 가깝다. 누구나 시집을 내고 나서 후회와 안쓰러운 마음으로 자신을 질타하지만 그것을 시로 표현하는 경우는 좀처럼 드문 일이기 때문이다.

　잠시 브랜든의 자존을 돌이켜보자. 그는 자존감의 총체를 '자신의 능력에 대한 믿음'과 '사랑 받는 존재로서의 자기 존중'으로 대별하고 있다. 여섯 개의 기둥으로 세분한 그 실천 단계로는 목적의식을 갖는 삶, 자기 수용, 책임감, 의식에 따른 용기, 목표를 향한 실천, 자아 통합을 이야기하고 있다. 결국 '어떻게 나를 사랑할 것인가'라고 내세운 부제는 이 책이 강조하는 자존감을 세우는 일과 일치한다. 또한 자신을 철저히 재인식하고 일깨워서 새로운 목표에 도전하라는 저자의 말처럼 이러한 과정은 시인으로서의 임성구가 자신의 시를 증장(增長)하기 위한 발판으로 삼는 것으로 파악된다. 시집 곳곳에 나타난 자아비판의 모습들을 살펴보자.

　　하루 해 뉘엿뉘엿 넘어가는 저물녘에
　　뉘 집 개가 짖는다
　　온 마을을 뒤흔든다
　　한쪽 귀
　　담을 넘어가 보니
　　힘없는 시가 놓여 있다
　　　　　　　　　　　　　—「개 한 마리」 부분

　　아름드리나무 밑에서

시 한 편 쓰겠다고
햇빛도 하나 없이
긴 사색에 젖지만
파문 져
영양실조에 걸린
해 한 포기
달 한 포기
　　　　　　　　　　　―「잡초의 눈물 3」 부분

뜨거운 시 되겠다고 땅웃음 짓는 뿌리의 나날
밤은 어찌 날마다 불청객으로 찾아오나
　　　　　　　　　　　―「잡초의 눈물 4」 부분

스스로 이 장검을
푹 찔러 넣는다
외마디 유서들은 "욱" 하고 쓰러지고
식어 쓴
문장들이 뚝뚝,
애리한 몸에

흘/러/내/린/다
　　　　　　　　　　　―「할복(割腹)의 시(詩)」 부분

"온 마을을 뒤흔든" "아름드리나무 밑" "뜨거운 시" "외마디 유서"들은 하나같이 울림이 크고 뜨거우며 간절한 의미가 담긴 웅혼한 시어들로 기치를 들고 나왔지만 스스로 그가 자평한 시들은 결국 "힘없는 시" "영양실조에 걸린" "불청객" "식어 쓴/문장들"처럼 보잘것없는 시로 전락해 있는 참담한 몰골로 뒹굴고 있다. "부도난/살구나무죽비"라는 차마 입에 담지 못할 자학으로 가득한 시를 "처형하라"고 반복하여 외치는 그의 뇌리에는 처절한 반성과 회한이 사무쳤을 것이다.

'난 원래 시를 쓸 자격도 능력도 없는 무능한 사람이야!'라는 부정의 출발점에 서 있는 그의 모습은 비장하다. 이러한 인식의 첫 단계에서 자존은 시작한다. 내 자신을 확실하게 파악하고 내 안에 잠들어 있는 영혼을 일깨워 자신이 새롭게 선택한 의식적 행동에 적극 용기를 내어 책임감 있게 대처해야 하는 것이다. 이로 인하여 자신감과 행동이 일체화 되고 구체적인 목표를 향하여 접근하게 된다.

바람 살짝 불어와도 마음 먼저 흔들려
주름으로 웃다가 팽팽하게 젖어가는

우포늪
가시연 같은
실안낙조 어부 같은

때 되면 호령하고 때 되면 회항하는
그들의 꿈은 늘, 가시 돋친 불화살

가슴에
새긴 마음 한 줄
검붉게 탄 초록바다
　　　　　　　　　　　　　―「시(詩)」전문

얼마나 많은 욕심이 썩어서 문드러진 채
방 한 켠에 자리 잡고 울었는지 모른다
진갈색 염증들의 큰 눈이
나를 먹고 있었다

마흔에서 오십으로 휘어지는 이 길목
쓰러지지 않을 것 같던 한 욕심을 볕에 말린다
뽕잎을 따다 먹인다
내가 나를 먹인다

누에가 몸의 독소를 제거하는 푸른 한낮
오십은 육십을 먹고 칠십 팔십 백세를 먹고
가벼운 저 구름 속으로
실을 뽑아 올리겠다
　　　　　　　　　　　　―「잠내를 없애다」전문

두 작품에서 느껴지는 분위기는 시와 자신에 관해 험악하던 시인 임성구의 자세가 따듯하고 자구(自救)적으로 전향되어 있음이 감지된다. 거친 언어로 자탄과 비애를 느끼게 했던 시에 대한 자학은 이제 스스로를 감싸며 "주름으로 웃다가 팽팽하게 젖어가는/우포늪/가시연 같은//실안낙조 어부 같은" 차분하고도 평안한 자세로 변환되어 있다. 시에 품었던 "가시 돋친 불화살"도 "가슴에/새긴 마음 한 줄"로 들어와 더 크게 날고 뛰어오르려는 활성(活性) 에너지로 발현하려는 것은 긍정의 자세라 할 수 있다.

또한 "잡내"로 치부했던 갖가지 부정의 시어와 자세는 미래를 향한 바람직한 힘으로 시 안에 하나 가득 나타나고 있다. 지나친 욕심으로 "방 한 켠에 자리 잡고 울었"던 "나"는 이제 마음을 추스르고 찬찬히 "욕심을 볕에 말린다". 더 나아가 지쳐 피곤한 자신에게 "뽕잎을 따다 먹인다/내가 나를 먹"이는 성숙한 사람이 되었다. 마치 누에가 뽕잎을 먹고 비단을 뽑아내는 놀라운 과정과도 같이 시인도 "가벼운 저 구름 속으로/실을 뽑아 올리겠다"는 경지까지 다다라 있는 모습은 놀라운 변화가 아닐 수 없다. 이러한 진행은 자학과 자존의 뿌리가 결코 다르지 않으며 그 굴레를 쳐내고 다스린다면 스스로를 견지하면서 완성의 경지에 나아가 기둥이 될 수 있는 확실한 증거라 하겠다. 이제 그가 다시 뽑아 올릴 '실'은 지난 것과는 괄목상대해야 할 것이다.

3.

곁가지는 쳐내야, 모난 돌은 다듬어야
아름드리 된다는데, 꽃빛도 환하다는데
아직도 나를 태우고 가는 길이 아득만 하다
―「분신」 부분

씀바귀 엉겅퀴꽃 구둣발로 앉은 나비야

발소리 줄여라
안 온 듯이 다녀가거라

햇살아
밤새 고인 천둥눈물
남김없이 먹고 가거라
―「잡초의 눈물」 부분

섣불리 웃지 마라

장마의 날
있을 거다

함부로 젖지도 마라

우는 하늘
며칠이겠나

시인은
웃음도 울음도

절체절명에

쏟는
거야

— 「먹구야」 전문

    위에 소개하는 세 편의 작품에는 임성구의 속마음이 가지런 하고 때론 '앵통하게' 자리 잡고 있는 것을 볼 수 있다. "곁가지는 쳐내야, 모난 돌은 다듬어야" 한다는 이야기는 스스로에게 하는 다짐이지만 그가 '너무도 오랜 시간 골목에 서 있었'던 무명의 시간들은 "가는 길이 아득만 하다"라고 할 만큼 길고 긴 시간이었다. 잡초처럼 자란 그의 마음속에서 늘 '그늘과 항심'이 함께 그를 잡아주었다. "씀바귀 엉겅퀴꽃 구둣발로 앉은 나비야//발소리 줄여라/안 온 듯이 다녀가거라"에는 늘 조심하며 삶을 지탱해온 그의 그늘이 눈물겹게 자리하고 있다. 가볍고 활기찬 나비에게조차도 "구둣발로 앉은 나비야"라고 할 만큼 그는 살얼음 위에 있었다. "밤새 고인 천둥눈물"을 홀로 쳐내기에도 힘

겨워 햇살에게 의지하는 그의 가슴에는 일반인들이 이해하기 어려운 허약함도 내재하고 있다. 세 번째 시에서는 이렇게 모아진 다짐들이 한꺼번에 터지고 있다.

'먹구'로 명명된 이름이 시집에서 두 번 나오는데 이 명칭은 스스로를 부르는 애칭으로 보인다. "섣불리 웃지 마라" "함부로 젖지도 마라"라며 자신에게 다짐을 하면서 '장마와 가뭄'을 서둘러 경계하고 있다. '분신, 잡초, 먹구'라는 시제들은 자학과 자존이 함께 버무려지며 분출해내는 그의 힘이며 맹세이다. 그는 이제 정성을 다하여 자신을 보위하고 "절체절명"의 날을 기다리고 있는 무사의 모습이라 하겠다. 다시는 함부로 낙담하거나 달관하지도 않는 냉철한 시인으로 거듭나기 위한 각오가 굳게 담긴 대목이다.

　　누군가가 유기해서

　　척박한 땅에 자라난

　　못생긴 내 자식들아

　　네 진한 향기를 열어

　　나보다

신나게 고함치거라

파란만장을

웃게 하라

— '시인의 말' 전문

 단시조의 형식을 빌려 쓴 '시인의 말'이 섬뜩하다. "누군가 유기해서"에는 강한 불만이 들어 있다. 누구나 자신의 작품에 강한 호감을 갖고 있는 것은 당연한 측은지심이지만 이 정도의 표현은 쉽지 않다. 책 첫 장에 쓰는 '시인의 말'은 다짐과 감사로 가득한 것이 상례라면 임성구의 발언은 강력한 불화살이라 해야겠다. 여러 의미와 부연이 가능한 부분이 많지만 생략한다. "척박한 땅에 자라난/못생긴 내 자식들아"에 대한 책임은 남보다 자신에게 더 크다는 말을 위안으로 주며 "진한 향기"로 타인을 감싸주는 시로 화답하기를 바란다. 다행히 "신나게 고함치"고 "파란만장을/웃게" 할 각오가 단단해진 시인의 모습에 가슴을 쓸어내린다.

4.

 임성구의 시에 나타나는 부모님의 모습은 안타까운 장면들이 많다. "젖동냥 나가신 아버지"는 첫 시집에 나온 것이고 어머니라는 자리가 늘 비어 안타까웠다. "한 번도 본 적 없는 어머니 고운 얼굴"이라는 구절은 두 번째 시집에 나온다. 「어머니라는 이름과 아버지라는 이름 사이, 내 이름이 참으로 따뜻하게 피어 있었음을」이라는 긴 제목의 시가 시집 마지막에 놓여 있다. 그 전문을 옮긴다.

  갓길에 핀
  풋 찔레꽃도

  울음 매우
  따뜻했네

  가슴을 다
  도려내놓고

  빛 한줌
  들이기까지

  우주를
  오래 에돌아 와서

  참회 눈물로

벙그네

　보지도 못한 어머니와 '젖동냥'하신 아버지를 자신의 마음에 들여놓기까지 "우주를/오래 에돌아 와"야 했던 그의 마음고생이 이 단수 안에 고스란히 녹아 있다. "갓길에 핀" 보잘 것 없는 "풋 찔레꽃" 울음까지도 따뜻하게 들어주고, 부모님에 대한 끝없는 그리움과 사무치는 절망조차도 삭이고 또 삭여내야 했을 것이다. 그렇게 새까맣게 타서 뭉그러진 가슴은 결국 "가슴을/다 도려내놓고" 말았던 것이리라. 그 길고 긴 가슴앓이의 여울목을 지나 원망과 기대가 교차하고 들끓던 마음은 이제 불혹의 내리막길에 다다라 드디어 "빛 한 줌" 겨우 가슴에 들여놓게 되었다. 인생의 시간으로는 몇십 년이었으나 임성구 자신에게는 "우주를/오래 에돌아" 온 긴 시간이었을 것이다. 그 침묵을 깨고 터진 "참회 눈물"이 아픔과 시련을 이겨내고 피어나는 꽃송이같이 "벙그네"라고 새 시집의 문을 닫고 있는 모습이 장중하다.

　어려서 김소월의 「부모」라는 시를 노래로 부르며 '이렇게 싱거운 노랫말이 다 있네'라고 여긴 적이 있다. '낙엽이 우수수 떨어질 때/겨울의 기나긴 밤/어머님 하고 둘이 앉아/옛이야기 들어라/나는 어쩌면 생겨 나와/이 이야기 듣는가/묻지도 말아라 내일날에/내가 부모 되어서 알아보랴' 그랬던 이 노랫말이 나이 들어서 가만 들어보니 그 속에 '우주'가 통째로 들어앉아 있었음을 알게 되었다. 건성으로 흥얼거렸던 기억이 새삼스럽게

다가왔을 때의 느낌이 바로 위 작품에서도 감지되고 있는 것이다. 하물며 임성구는 그런 어머니를 '한 번도 본 적이 없'다고 하였으니 그 어마어마한 '인생의 이야기'를 "오래 에돌아 와서"야 알게 된 것은 어쩌면 당연한 일이었는지도 모른다.

> 부러진
> 갈비뼈도
> 터져버린
> 공기주머니도
>
> 어머니의
> 하늘비단
> 자락 자락을
> 다 꿰매면
>
> 저만치
> 폈다 지는 꽃
> 열매 한 알로
> 오리라
>
> ―「42병동 먹구에게」 전문

 사람은 자신이 가장 위험에 놓이게 될 때 '엄마'를 찾는다. 아버지도 자신의 뼈대이기는 하지만 열 달을 그 사람의 몸속에 한

몸으로 있었다는 것과 젖을 빨고 엄마의 말을 들으며 옹알이를 시작한 친밀성을 더욱 강열하게 인식하게 되는 것이다. 황수관 박사는 자신의 강연에서 인간이 가장 사랑하는 단어를 조사했더니 절대 지지를 얻은 단어가 바로 '어머니'라는 말이었고 '아버지'라는 말은 10위권도 지키지 못했다고 역설했다. 이 시에서 시인은 생명의 절체절명에 놓여 있다. "부러진/갈비뼈" "터져버린/공기주머니"의 상황이라면 중환자였을 것이다. 어찌 보지 못한 엄마가 생각나지 않았겠는가.

 평생을 부모의 사랑에 목말라하며 살아가는 그의 처지였으니 자신이 아플 때 그 간절함은 몇 배로 커졌을 것이다. 아마 그의 뇌리에서는 내 몸이 만신창이가 났더라도 "어머니의/하늘비단/자락 자락을/다 꿰매면" 거뜬하게 떨치고 일어날 것으로 믿었을 것이다. 여기에 다시 그가 스스로를 부르는 애칭인 '먹구'가 등장한다. 다쳐서 42병동에 널브러져 있는 자신에게 '걱정 말아라. 먹구야! 어머니의 손길로 잘 낳을 거야'라는 강력한 마술을 불어넣으며 자위한다. "폈다 지는 꽃/열매 한 알로"의 짧은 구절에는 이 세상의 한살이가 담겨 있다. 꽃이 피는 일은 식물이 전력을 다하여 생명을 번식하려는 욕구의 발산이요, 꽃이 지는 일 또한 열매를 매달기 위한 힘겨운 소멸이니 '열매 한 알'은 그 생명의 힘이 오롯이 들어간 씨앗으로, 사람이 나서 자라 죽는 거대한 '한살이'와 같은 맥락이라 하겠다. 어머니와의 기억이 전무한 저자가 자신의 급박한 상황에 어머니를 이렇게 따듯하게 호명해 모신 것은 그의 회한을 다스린 일이라 여겨져 다행스럽기 그지없다.

5.

임성구 시인의 나이도 이제 오십에 가깝다. 그가 스스로 "마흔에서 오십으로 휘어지는 이 길목"이라고 말했듯이 '잡내'를 없애고 담백한 삶으로 정진해야 할 때가 된 것이다.

> 지리산
> 법계사 근처
> 산등허리 한입 물고
>
> 온몸으로 비를 맞는
> 까마귀 몇 마리
>
> 울지도
> 날지도 못해
>
> 우두커니
>
> 슬프다

―「고사목」 전문

　위의 시에 버무려진 자신의 뒷모습도 이젠 한 단계 더 넘어서야 하는 부분으로 생각된다. 억눌린 임무와 직장에서의 직위가 사물을 직시하는 기준 영역이 되겠지만 그것을 넘어서서 더 멀리 바라보는 시도를 게을리 하지 말아야 한다. '고사목'을 "온몸으로 비를 맞는/까마귀"로 인식하고 "울지도/날지도 못해" "우두커니" 서 있는 스스로의 모습과 동일시하는 것은 지양해야 한다. 시조단의 평균 연령이 높다고는 하지만 임성구의 50세도 만만한 연치가 아니라는 것을 자각해야 하는 것이다. 그렇다고 어른 노릇을 하고 뒷짐을 지라는 것은 아니고 자존의 수준 높은 계단으로 열심히 올라가라는 말이다. 한 걸음 더 나아가 시의 깊이를 무서워해야 할 때이며 '고사목'에서도 천 년의 세월과 고졸(古拙)을 엮어내 주기를 기대한다.

　　　우물가 앵두나무가 뽑히던 컴컴한 봄
　　　꽃의 대중들은 못 들은 척 고개 돌린 채
　　　잘났다 제 잘났다고 빨갛게들 떠든다

　　　앵두 젖 훔쳐 먹은 달콤한 올가미들
　　　순해서 더 푸른 달아 기도문만 외지 마라
　　　운주사 석가모니는 왜 여직 주무시나

> 바들바들 떨며 진 한 송이 사람의 집
> 온몸이 녹아내린 식초 같은 절규인 양
> 화구구(火口丘) 앵두꽃 무덤에는 재 냄새가 진동한다
> ―「앵통하다, 봄」 전문

위 시를 표제작으로 한 것부터 심상치 않은 느낌을 받았다. 먼저 '앵통하다'라는 사투리가 일순에 시 전체의 분위기를 압도한다. '아, 뭔가 마음에 들지 않는 일이 있었나 보다'라는 선입견이 강하게 든다는 것이다. '억울하다'와 '아깝다'의 뜻이 숨어 있고 성이 나서 토라진 '앵돌아지다'와 '분통'의 합성어처럼 다가오는 경상도 사투리다. 봄에 일어난 일이 억울해서 봄이 앵통해서야 되겠나 싶어 웃음이 나오는데 저자의 심경은 말이 아닌 모양이다. "앵두나무가 뽑히던 컴컴한 봄"에서는 무언가 정상이 아닌 일이 일어난 것이 분명하게 다가온다. 나무가 뽑혔으면 신속하게 대책을 의논하고 움직여야 하는데 "꽃의 대중들은 못 들은 척 고개를 돌린 채" 아무렇지도 않게 있을 뿐만 아니라 "잘났다 제 잘났다고 빨갛게들 떠든다"니 보통 심각한 문제가 아니다. 자기가 죽을 줄 모르고 당장 눈앞의 이익에 팔려 떠드는 무리들이 저자에 쌔고 쌘 게 요즘 아닌가.

그래도 시인은 더 이상 참을 수 없다. 달님에게 하소연도 하고 누워 계신 운주사 돌부처도 원망해본다. "앵두 젖 훔쳐 먹은 달콤한 올가미들"은 나 몰라라 모른 체하고 있으니 더 속이 탈

지경이다. 끝내 "바들바들 떨며 진 한 송이 사람의 집"에는 "식초 같은 절규"가 나뒹굴고 있다. 서로 모른 체하며 '잘났다고' 떠들던 '앵두꽃'들은 다 죽어 나자빠지고 용암이 터져 흘러내린 화산재가 언덕을 이룬 허망한 상황에서 진동하는 "재 냄새"를 맡아야 하는 저자의 심경은 "온몸이 녹아내린" 듯 그야말로 '앵통하다' 하겠다. 그러나 이렇게 쓴 시가 독자에게 감동을 전하기란 지극히 어렵다. 가슴을 다 헤쳐 낸 시인의 속은 조금 후련할지 모르겠으나 조직 안의 '문제'에는 '공분(公憤)'으로 대처해야 한다. 이를 삭히고 엉기게 하여 목소리는 낮으나 굵게, 폭은 좁아도 깊게 전해주는 것도 시인의 몫이다.

6.

자신의 영역을 벗어나 보면 참 넓고 커다란 세상과 자연이 보이게 된다. 마치 직장에서 '승진'이라는 것에 옭매여 꼼짝달싹 못하다가 그것에서 풀려나는 순간 온 세상의 일들이 훤하게 감지되는 상황과 흡사하다. 새 시집에는 많은 부분이 자신과 그 주변인들에 대한 잡다한 감정과 세사에 휩쓸린 곳이 눈에 보인다. 물론 그런 과정이 삶이고 인생이지만 임성구 스스로 중심에 서지 못한 이유도 크다 하겠다. 여기 그가 담담하게 담아낸 넓어진 시야의 작품을 보기로 하자.

바람이 불어왔다
조용히 밤도 왔다

어둠 밝힌 별 노래에
터져버려 아린 물집

달 등의
박꽃 하나가
손수건이 되어주었다

물풀 같은 그 여자
열여덟 필리핀 순이

젖은 밤을 보내놓고
풋감 떨어진 새벽녘

아무 일
없었다는 듯
부엌문을 또 연다

—「삼파귀타」전문

  필리핀의 국화를 시제로 잡은 이 작품은 조용한 듯 얌전하지만 임성구가 시끌벅적 다루었던 주변의 이야기와는 사뭇 다른 세상의 이야기가 담겨져 있다. 작가 자신의 감정이 들떠 있거나 주변의 시선에 집착하는 자세도 버리고 잔잔한 상태를 지키며 그 깊이에 침잠하고 있다. 「조용한 밤」, 「어둠 밝힌 별 노래」, 「박꽃」 등의 작품들이 가지런히 놓여 있지만 서로를 끈질기게 묶어내는 질긴 감성의 흐름이 돋보인다. 불어온 바람에는 고국에 남아 있는 혈육들의 간절한 이야기가 들어 있었을 것이고, 별 노래에는 시집살이의 애환이 "아린 물집"에 스며 있을 것이다. 그러나 손수건이 되어 "필리핀 순이"의 눈물을 닦아주는 "박꽃 하나"는 얼마나 착하고 지순한 세상의 일인가. "젖은 밤"에는 말로 표현할 수 없는 무지한 일들이 숨쉬고 "풋감 떨어진 새벽"이 쓰리고 아프지만 "아무 일/없었다는 듯/부엌문을 또 여"는 이국으로 시집온 아낙의 뒷모습에는 눈물과 안타까움이 가득하게 전해진다. 또한 아무 부연 설명도 없이 필리핀의 국화를 점잖게 시제에 올려둔 것도 더욱 '순이'의 이야기를 숙연하게 하는 좋은 구도였다. 이렇듯 그가 격앙된 분위기와 상황에서 빨리 돌아올 것을 가만히 기대하는 바 크다. 목소리가 작고 격한 말이 하나 없어도 가슴에 다가오는 이 시야말로 임성구의 진솔한 모습을 제대로 표현한 작품이라는 믿음을 진하게 갖게 한다.

    쪽빛 하늘 구릉 모서리
    시집 한 권 놓여 있다

가끔은 하나님도 마음 편한 때 있나봐
정제된 꽃잎 페이지 남청 글씨 좀 봐봐

청개구리 한 마리가 앉은 자리 가을볕 자리
나비도 읽고 가고 잠자리도 읽고 가는
주머니, 향기 주머니 무지개로 넘친 꽃밭

눈으로 퍼 먹고 냄새로도 저어 먹는
아침 산행 보폭 따라 앙가슴 열어놓은
간결한 한 다발의 시평 시원하게 뜨겁다
　　　　　　　　　―「용담꽃 평설(評說)」 전문

눈에 얼비치고 거칠게 몰아치던 시인의 감정이 노릇노릇 누러 찰진 누룽지라도 된 느낌이 든다. 각진 모서리 잘 다듬어지고 울퉁불퉁했던 고랑들도 수굿해졌다. 이 작품에서의 가장 큰 변화는 그가 마음속으로 누구를 원망하거나 자신의 기분을 심하게 노출시키지 않으며 긍정의 자세를 취한 점이다. 남청으로 곱게 핀 용담꽃을 "시집 한 권"으로 바라보는 그의 눈빛에 이제 타올랐던 불빛도 사그라지고 "청개구리 한 마리가 앉은 자리 가을볕 자리"처럼 따사로운 햇볕이 스며들고 있다. 꽃을 찾아오는 "청개구리, 나비, 잠자리" 등 모든 생명들에게 임성구의 애잔한 눈길이 가닿으며 "향기 주머니 무지개로 넘친 꽃밭"이 되어 웃고 있다.

'용담꽃 시집'을 읽던 목숨들이 한발 더 나아가 "눈으로 퍼 먹고 냄새로도 저어 먹는" 아름다운 풍광은 마치 성경 말씀에 '보시니 좋았다'라는 명 구절을 연출하는 듯 풍요롭고 그윽하다. 용담꽃은 그저 가만히 있는데 그것을 시집으로 봐주고 갖가지 곤충들마저 독자로 받들어 모셔놓고 나니 분노와 원망으로 가득했던 시인의 "앙가슴 열어놓은" "아침 산행 보폭"이 무장무장 가볍고 상쾌한 기분일 것이다. 용담은 약재로 쓰이는데 그 맛이 엄청나게 써서 용의 쓸개 즉 '용담(龍膽)'이란 이름이 지어졌다는 배경까지 곱씹어보면 '쓴 것이 몸에 약이 된다'는 말조차 허투루 들을 일이 아니라는 생각이 드는 것이다.

7.

임성구의 새 시집에 대해 필자는 말을 많이 아끼려 했다. 첫 시집이 비록 늦기는 하였으나 연이어 3년 만에 두 번째 시집이 나왔는데 2년 만에 새 시집을 내려는 것이 너무 서두른다는 생각이 들었기 때문이었다. 그 후 몇 차례 그와 만나 많은 이야기를 나누는 과정에서 그의 속마음을 헤아리게 되었다. 그는 이 시집을 정리해서 마음에 들어 있는 모든 응어리와 얼룩을 지워버리고 싶은 것이라는 느낌을 받았다. 이러한 의식을 통하여 이제 40대를 수습해놓고 그간 지나칠 정도로 과했던 문단의 업무

와 활동을 자제하며 시조에 더 깊은 애정을 쏟고 싶어 하는 것이었다. 이러한 생각에 이르자 그가 서둘러 시집에 집착하는 연유도 쉽게 이해가 되었고 말리기보다는 풀어내는 것도 한 방책이 될 수 있다는 결론에 이르게 된 것이다.

 원고를 넘겨받으면서 무거운 생각은 지워버리자고 다짐하였지만 그의 마음에서 넘쳐흐른 화산재들을 수습하기란 쉽지 않았다. 그의 시와 함께 읽었던 나다니엘 브랜든의 『자존감의 여섯 기둥』을 만나며 글의 골격을 구상하게 된 것은 참으로 다행스런 우연이었다. 자학으로 가득 차 있다는 것은 결국 브랜든의 말처럼 '어떻게 나를 사랑할 것인가'를 고민하는 과정에서 생기는 것이다. 임성구가 토해낸 갖가지 욕설에서부터 자존의 서늘한 깊이까지도 우려의 시선보다는 일련의 과정으로 받아들여 주기를 기대한다. 이 특별한 시집이 지천명의 문 앞에 서서 고뇌하는 시인의 아득한 뒷모습이라고 본다면 누구나 넓은 이해와 격려를 보내줄 것이다. 연배(年輩)만 높다는 핑계로 엄중한 선배 시인에게 이런저런 쓴소리를 올린 것을 넓은 마음으로 받아들여 주리라 믿는다. 부디 이 시집 출판을 계기로 임성구가 자학과 자존의 굴레를 말끔히 다스리고 더 높은 시각과 한층 더 깊은 시심을 다스릴 줄 아는 건장한 시인으로 굳게 서주기를 간절히 희원한다.

이 도서의 국립중앙도서관 출판시도서목록(CIP)은 서지정보유통지원시스템 홈페이지
(http://seoji.nl.go.kr)와 국가자료공동목록시스템(http://www.nl.go.kr/kolisnet)에서
이용하실 수 있습니다.(CIP제어번호: CIP2015027137)

시인동네 시인선 043
앵통하다 봄
ⓒ 임성구

초판 2쇄 발행　2015년 10월 30일
초판 3쇄 발행　2016년 12월 5일
　　　지은이　임성구
　　　펴낸이　고영
　　책임편집　이현호
　　　디자인　헤이존
　　　펴낸곳　문학의전당
　　출판등록　제311-2012-000043호
　　　　주소　서울시 은평구 연서로11길 7-5 401호
　　　편집실　서울시 마포구 마포대로 127, 413호(공덕동, 풍림VIP빌딩)
　　　　전화　02-852-1977
　　　　팩스　02-852-1978
　　　　블로그　http://blog.naver.com/mhjd2003
　　　전자우편　sbpoem@naver.com

　　　　ISBN　979-11-5896-006-3　03810

＊이 책의 판권은 지은이와 문학의전당에 있습니다.
＊양측의 서면 동의 없는 무단 전재 및 복제를 금합니다.
＊잘못 만들어진 책은 바꿔드립니다.
＊이 시집은 〈2016 세종도서 문학나눔〉 도서에 선정되었습니다.